NADJA KNAB-LEERS

Kunterbunte Nadelkissen

Kunterbunte Nadelkissen

Nadelkissen sind nicht nur besonders praktisch – mit diesem Buch wird der Alltagsgegenstand zu einem wahren Hingucker!

Lassen Sie sich von meinen Anleitungen inspirieren und gestalten Sie Ihre eigenen Nadelkissen ganz individuell.

Vom magnetischen Bonbon-Nadelkissen über freche Tierchen wie Schweine und Wale – hier findet jeder sein Lieblings-Nadelkissen.

Nebenbei sind die kunterbunten Kissen die idealen Geschenke für Ihre Liebsten und machen einfach gute Laune!

Ich wünsche Ihnen viel Spaß beim Nähen!

GRÖSSE
ca. 21 cm x 9 cm

MATERIAL

- Baumwollstoff Ornament in Hellgrün, Rest
- Baumwollstoff Blümchen in Mint/Grün, Rest
- Baumwollstoff gemustert in Grün/Weiß, Rest
- Baumwollstoff gestreift in Mint/Weiß, Rest
- Gewebeeinlage G 700, 15 cm
- Baumwollstoff Tupfen in Mint, Rest
- Volumenvlies HH 650, Rest
- Zackenlitze in Hellgrün, 1 cm breit, 25 cm
- Karoband in Grün/Weiß, 1 cm breit, 25 cm
- Pomponsband, klein in Hellgrün, 1,5 cm breit, 25 cm
- Füllwatte
- Reis

SCHNITT-MUSTER
Seite 42

Frecher Kaktus

sticht nicht

Zuschnitt

1x Teil A, Ornament in Hellgrün (Blumentopf), Gewebeeinlage
1x Teil B, Ornament in Hellgrün (Boden), Gewebeeinlage
1x Teil C, Ornament in Hellgrün (Topfdeckel), Gewebeeinlage
2x Teil D, Ornament in Hellgrün und 1x Volumenvlies (Topfrand)
2x Teil E, Blümchen in Mint/Grün (Kaktus)
2x Teil F, gemustert in Grün/Weiß (Kaktus oben)
2x Teil G, gestreift in Mint/Weiß (Kaktus rechts unten)
2x Teil H, Tupfen in Mint (Kaktus links oben)

Alle Teile gemäß Schnittmuster zuschneiden. Die Nahtzugabe von 0,75 cm ist in allen Schnittteilen bereits enthalten.

Anleitung

Blumentopf

1 Teil D links auf links aufeinander legen, Volumenvlies dazwischen legen, einbügeln und an äußerer Längskante versäubern.

2 Karoband auf das Pomponsband steppen, sodass Pompons noch sichtbar sind. Pompons und Karoband über versäuberte Kante steppen, sodass Pompons über die Kante stehen.

3 Teil D links auf rechts, Schnittkante auf Schnittkante, entlang der oberen Kante auf Teil A knappkantig feststeppen.

4 Teil A an gerader Kante rechts auf rechts füßchenbreit zusammennähen und Ntzg auseinander bügeln, dabei 3 cm zum Verstürzen offen lassen.

5 Teil B (Boden) und C (Deckel) jeweils in entsprechende Öffnung von Teil A rundum feststecken und füßchenbreit einnähen. Ntzg zurückschneiden und Nähte ausstreichen.

6 Teil wenden, zunächst mit Reis befüllen, dann mit Füllwatte ausstopfen. Öffnung von Hand zunähen.

Kaktus

1 Teil F, G und H jeweils rechts auf rechts aufeinander legen und an den Rundungen füßchenbreit zusammennähen, dabei jeweils 2 cm zum Verstürzen offen lassen.

2 Zugaben zurückschneiden und auf rechts drehen. Alle Teile mit etwas Füllwatte ausstopfen und Wendeöffnungen von Hand zunähen.

3 Zackenlitze auf Teil E steppen. Dabei das Band mit 2 bis 3 mm Abstand zur Schnittkante von rechts entlang einer Außenkante knappkantig aufsteppen.

4 Kaktusteile F, G und H mit der offenen kurzen Kante nach Markierungspunkten (siehe Schnittmuster) auf Teil E so feststecken, dass die Rundungen nach innen zeigen.

5 Teile E rechts auf rechts aufeinander stecken und an den Rundungen füßchenbreit zusammennähen, dabei die gerade Kante offen lassen und Kaktusteile mitfassen. Zugaben zurückschneiden, Teil auf rechts drehen und mit Füllwatte ausstopfen.

6 Kaktus mit der offenen Kante mittig auf dem Blumentopf festnähen, dabei die Zugabe nach innen schlagen.

7 Zur Stabilität entlang der Blumentopf Oberkante von Hand mit doppeltem Faden im Vorstich durch alle Stofflagen rundum nähen und dabei die Topfoberfläche straffen.

Kleines Törtchen

besonders fein

GRÖSSE
ca. 13 cm x 10 cm

MATERIAL
* Baumwollstoff gemustert in Rosa/Weiß, Rest
* Baumwollstoff Pepita in Rosa, Rest
* Baumwollstoff Tupfen in Orange/Pink, 15 cm
* aufbügelbares Volumenvlies H 630, 20 cm
* doppelseitige Klebefolie zum Aufbügeln (z. B. BSN-Folie oder Vliesofix), Rest
* Rüschenband Vichykaro in Rosa/Weiß, 1,5 cm breit, 35 cm
* Zackenlitze in Hellgrün, 1 cm breit, 45 cm
* Pomponsband klein in Hellgrün, Rest
* 2 Pompons in Pink
* Füllwatte
* Reis

SCHNITTMUSTER
Seite 44 (für Teil D)

Zuschnitt

1x Teil A, 33 cm x 5,5 cm, gemustert in Rosa/Weiß (Unterteil 1)
1x Teil B, 33 cm x 4 ,5 cm, Pepita in Rosa (Unterteil 2)
1x Teil C, Kreis ø 12 cm, Pepita in Rosa (Boden)
1x Teil E, Kreis ø 13cm, Tupfen in Orange/ Pink (Oberteil)

Alle Teile gemäß Schnittmuster zuschneiden. Die Nahtzugabe von 0,75 cm ist in allen Schnittteilen bereits enthalten.

Anleitung

1 Teil A und B der Länge nach rechts auf rechts füßchenbreit zusammennähen. Ntzg zurückschneiden und Naht bügeln.

2 Für die Verzierung Teil D nach Vorlage auf die Papierseite der Klebefolie aufzeichnen, grob ausschneiden, von links auf Stoff Tupfen in Orange/Pink aufbügeln und exakt ausschneiden. Schutzfolie abziehen und auf Teil B entlang der Schnittkante von rechts aufbügeln.

3 Die Zackenlitze entlang der Bogenkante aufsteppen und das Rüschenband entlang der Schnittkante knappkantig aufsteppen.

4 Teil A und B an kurzer Kante rechts auf rechts zum Ring zusammennähen, Zugabe zurückschneiden und Naht ausbügeln.

5 Teil C (Boden) rechts auf rechts an Teil A rundum feststecken und füßchenbreit einnähen. Zugaben zurückschneiden und Naht ausstreichen.

6 Mit dem Vorstich entlang des Rüschenbandes rundum nähen. Törtchen zunächst mit etwas Reis befüllen, dann mit Füllwatte ausstopfen, anschließend die Naht zusammen ziehen und Faden vernähen.

7 Für das Oberteil Teil E entlang der Schnittkante rundum 0,5 cm nach links einbügeln und im Vorstich auf dem eingebügelten Saum nähen. Die Naht zusammen ziehen und das Teil mit Füllwatte ausstopfen.

8 Das Oberteil von Hand auf das Unterteil nähen und mit Pomponsband und zwei einzelnen Pompons dekorieren.

Bezaubernder Schuh

mit viel Charme

GRÖSSE
ca. 11 cm x 11,5 cm

MATERIAL

* Baumwollstoff Kreise in Türkis/Grün, Rest
* Baumwollstoff Ornament in Türkis, 15 cm
* Baumwollstoff gemustert in Grün, 15 cm
* doppelseitige Klebefolie zum Aufbügeln, Rest
* Zackenlitze in Grün, Rest
* Pomponsband klein in Türkis, 1,5 cm breit, 40 cm
* Satinband in Grün, 3 mm breit, 50 cm
* Füllwatte
* Reis
* Satinrose groß in Blau
* Lochzange

SCHNITTMUSTER
Seite 43

Zuschnitt

2x Teil A, Kreise in Türkis/Grün (Schuhspitze)
2x Teil B, Ornament in Türkis (Seitenteil)
1x Teil C, gemustert in Grün (Schuhsohle)

Alle Teile gemäß Schnittmuster zuschneiden. Die Nahtzugabe von 0,75 cm ist in allen Schnittteilen bereits enthalten.

Anleitung

1 Für die Schnürung Teil D zweimal seitenverkehrt auf die Papierseite der Klebefolie aufzeichnen, grob ausschneiden, von links auf Baumwollstoff gemustert in Grün aufbügeln und exakt ausschneiden. Jeweils Schutzfolie abziehen und noch einmal von links auf Baumwollstoff gemustert in Grün aufbügeln und exakt ausschneiden.

2 Je 6 Löcher nach Markierung mit der Lochzange einarbeiten. Pomponsband jeweils entlang der Außenkante knappkantig aufsteppen.

3 Die Innenkante jeweils links auf rechts entlang der vorderen Mitte des Seitenteils (Teil B) feststecken und knappkantig aufsteppen.

4 Schuhspitze (Teil A) jeweils rechts auf rechts füßchenbreit an Seitenteil steppen und Naht mit Zackenlitze verzieren.

5 Seitenteile rechts auf rechts aufeinander legen und in der vorderen Mitte bis zur Markierung (Sohle) zusammennähen.

6 Satinband kreuzweise durch die Löcher fädeln und Enden zur Schleife binden bzw. zunächst hängen lassen. Schnürung jeweils entlang der Pomponsnaht auf dem Seitenteil feststeppen.

7 Dann die hintere Mitte bis zur Markierung (Sohle), rechts auf rechts füßchenbreit schließen. Schuhsohle (Teil C) rechts auf rechts rundum feststecken und füßchenbreit festnähen.

8 Nahtzugaben zurückschneiden, Teil wenden und zuerst mit ein wenig Reis befüllen, dann mit Füllwatte ausstopfen. Obere offene Naht von Hand zunähen, obere Kante mit Satinrose verzieren und Satinband zur Schleife binden.

Rose mit Armband

ganz schön praktisch

GRÖSSE
ca. 4 cm x 9 cm

MATERIAL
* Baumwollstoff Rose in Mint, 15 cm
* Baumwollstoff gemustert in Rosa, 15 cm
* Volumenvlies H 630, 15 cm
* Klettband, 2,5 cm
* Füllwatte
* Rose-Maker Größe „M" von Clover

Zuschnitt

1x 42 cm x 10 cm, Rose in Mint
(Rose s. Herstelleranleitung)
1x 24 cm x 9 cm, gemustert in Rosa
(Armband für Handgelenksweite 17 cm, Volumenvlies)

Anleitung

Rose

1 Eine Rose in „M" mit verdeckter Naht nach Herstelleranleitung mit dem Rose-Maker herstellen.

2 Dabei vor dem Zunähen mit etwas Füllwatte gleichmäßig ausstopfen und Rose nach Anleitung fertigstellen.

Armband

1 Volumenvlies von links auf Stoffstreifen und Streifen der Länge nach rechts auf rechts auf die Hälfte bügeln. Offene Kanten rundum füßchenbreit zusammennähen, dabei eine kurze Kante zum Verstürzen offen lassen. Nahtzugabe zurückschneiden, Teil wenden und Nähte ausbügeln.

2 Offene Kante von Hand zunähen und zum Verschließen Klettband an beiden kurzen Kanten, einmal innen und einmal außen, aufsteppen.

3 Rose mittig auf dem Armband festnähen.

Schwein mit Flügeln

ein echter Glücksbringer

GRÖSSE
ca. 7 cm x 11 cm

MATERIAL
* Baumwollstoff Ornament in Rosa, 10 cm
* Baumwollstoff Pepita in Rosa, 10 cm
* Volumenvlies H 640, 10 cm
* Dekoband in Rosa/Rot, Rest
* Lackdraht, Rest
* 2 Glasperlen, matt, in Rot, ø 6 mm
* Füllwatte
* Textilkleber

SCHNITTMUSTER
Seite 45

Zuschnitt

2x Teil A, Ornament in Rosa (Seitenteil)
1x Teil B, Ornament in Rosa (Bauchteil)
4x Teil C, Pepita in Rosa und 2x Volumenvlies (Flügel)
4x Teil D, Pepita in Rosa (Ohren)
1x Teil E, Pepita in Rosa (Schnauze)

Alle Teile gemäß Schnittmuster zuschneiden. Die Nahtzugabe von 0,75 cm ist in allen Schnittteilen bereits enthalten.

Anleitung

1 Volumenvlies von links auf je ein Flügelteil (C) bügeln. Je 2 Teile, eines mit und eines ohne Vlies, rechts auf rechts aufeinander stecken und füßchenbreit zusammennähen. Dabei die kurze, gerade Kante zum Verstürzen offen lassen.

2 Ntzg zurückschneiden, Teil wenden und Nahtkanten ausbügeln. Beide Flügel (siehe Stepplinie Schnittteil) absteppen und an ein Seitenteil entlang der oberen Kante von rechts, Schnittkante auf Schnittkante, knappkantig festriegeln.

3 Das Bauchteil (B) von der Schnauze bis zum Hinterteil rechts auf rechts füßchenbreit an beide Seitenteile nähen. Seitenteile an oberer Kante rechts auf rechts füßchenbreit zusammennähen, dabei Flügel mitfassen und am Hinterteil 5 cm zum Verstürzen offen lassen. Ntzg zurückschneiden und Teil auf rechts drehen.

4 An Teil E (Schnauze) Ntzg rundum 0,5 cm nach links einbügeln und von Hand am Körper einnähen, dabei die Zugabe der Seitenteile nach innen einschlagen.

5 Schwein mit Füllwatte ausstopfen und offene Kante von Hand schließen.

Ohren

1 Je zwei Teile D (Ohren) rechts auf rechts füßchenbreit zusammennähen, dabei die kurze Kante zum Verstürzen offen lassen. Zugaben zurückschneiden, Teil auf rechts drehen und Nahtkanten ausbügeln. Die Ohren jeweils mit etwas Füllwatte ausstopfen.

2 An den offenen Kanten die Zugaben nach innen schlagen und von Hand zunähen. Ohren und Augen (Perlen) jeweils am Kopf platzieren und festnähen.

Schwanz

1 Für den Ringelschwanz ein Stück Draht mit Dekoband umwickeln, dabei mit Textilkleber am Draht fixieren.

2 Den umwickelten Draht um einen Stift zur Spirale wickeln und am Hinterteil festnähen.

Stolze Krone

besonders majestätisch

GRÖSSE
ca. 10 cm x 9 cm

MATERIAL

* Baumwollstoff Tupfen in Lila/Grün, 15 cm
* Baumwollstoff gemustert in Hellgrün, Rest
* Gewebeeinlage G 700, 30 cm
* Rüschenband in Hellgrün, 40 cm
* Dekoband Tupfen in Violett, 1 cm breit, 40 cm
* Dekoband Streifen in Hellgrün/Weiß, 1,5 cm breit, 35 cm
* 5 Satinröschen, klein in Lila
* Satinröschen, groß in Lila
* Füllwatte
* Reis

SCHNITTMUSTER
Seite 44

Zuschnitt

2x Teil A, Tupfen in Lila/Grün und Gewebeeinlage (Ober- und Unterteil)
1x Teil B, Tupfen in Lila/Grün und Gewebeeinlage (Zwischenteil)
2x Teil C, gemustert in Hellgrün und Gewebeeinlage (Zackenrand)

Alle Teile gemäß Schnittmuster zuschneiden. Die Nahtzugabe von 0,75 cm ist in allen Schnittteilen bereits enthalten.

Anleitung

1 Gewebeeinlage auf alle Teile entsprechend von links aufbügeln.

2 Ein Teil C mit der geraden Kante der Länge nach rechts auf rechts auf Teil B stecken und füßchenbreit zusammennähen. Ntzg zuTeil C bügeln. Rüschenband und darüber Dekoband mit Tupfen entlang der Nahtkante auf Teil C zweimal knappkantig aufsteppen, sodass die Rüschen nach unten zeigen.

3 Kurze Kanten rechts auf rechts füßchenbreit zusammen nähen und Zugaben auseinander bügeln. Das zweite Teil C an den kurzen Kanten rechts auf rechts füßchenbreit zum Ring schließen. Dann auf das erste entlang der Zacken rechts auf rechts rundum feststecken und füßchenbreit aufsteppen. Die Ntzg zurückschneiden, dabei vor allem die Spitzen zurückschneiden und die Vertiefungen bis auf 2 mm zur Naht einschneiden.

4 Teil wenden und Nahtkanten ausbügeln. Die untere gerade Kante Teil C rechts auf rechts an ein Teil A (Oberteil) rundum aufstecken und füßchenbreit festnähen, dabei 6 cm zum Verstürzen offen lassen, Zugaben zurückschneiden und Naht ausstreichen.

5 Das zweite Teil A (Unterteil) rechts auf rechts an Teil B rundum aufstecken, füßchenbreit festnähen, Zugaben zurückschneiden und Naht ausstreichen. Krone auf rechts drehen und zunächst mit etwas Reis befüllen, dann mit Füllwatte ausstopfen. Die Öffnung von Hand zunähen. Anschließend mit doppeltem Faden entlang der Nahtkante Teil C und A im Vorstich die Stofflagen zusammennähen, sodass die Naht von außen nicht sichtbar ist (unter den Rüschen). Dann die untere Nahtkante(Teil A und B) mit doppeltem Faden im Vorstich durch alle Stofflagen entlang nähen, sodass die Naht sichtbar ist.

6 Zuletzt die Krone mit Röschen und Schleife dekorieren. Dazu die 5 kleinen Röschen von außen an den Zacken festnähen. Dann das gestreifte Dekoband zur Schleife binden und zwischen zwei Zacken zusammen mit dem großen Röschen annähen.

Freche Möhre

zum Anbeißen

GRÖSSE
ca. 6 cm x 23 cm

MATERIAL
* Baumwollstoff Tupfen in Orange/Pink, 25 cm
* Baumwollstoff Vichykaro in Grün, 10 cm
* doppelseitige Klebefolie zum Aufbügeln, 10 cm
* Rüschenband in Hellgrün, 25 cm
* Dekoband mit Tupfen in Ockergelb, 1 cm breit, 30 cm
* Füllwatte
* Reis

SCHNITTMUSTER
Seite 44

Zuschnitt

1x Teil A, Tupfen in Orange/Pink (Möhre)
6x Teil B, Vichykaro in Grün (Blatt)

Alle Teile gemäß Schnittmuster zuschneiden. Die Nahtzugabe von 0,75 cm ist bereits enthalten.

Anleitung

1 Für die Blätter Teil B drei Mal auf die Papierseite der Klebefolie aufzeichnen, grob ausschneiden, von links auf Vichykarostoff bügeln und exakt ausschneiden. Die Schutzfolie abziehen und wieder auf Vichykaro-Stoff bügeln und exakt ausschneiden.

2 Obere Kante der Möhre 0,75 cm breit nach links einbügeln und Rüschenband von rechts entlang der Kante knappkantig aufsteppen.

3 Die drei Blätter gleichmäßig verteilt entlang der oberen Kante so anstecken, dass die Schnittkanten knapp 1 cm breit innen liegen. Blätter entlang der Bändersteppnaht festnähen.

4 Gerade Kanten der Möhre rechts auf rechts aufeinander stecken und füßchenbreit zusammennähen.

5 Mit dem Kräuselstich von Hand entlang der oberen Kante nähen, die Möhre mit Füllwatte ausstopfen, obere Kante zusammenziehen und Faden vernähen.

6 Dekoband um die Blätter legen und zur Schleife binden.

Servietten
Napkins

Fingernadelkissen

besonders praktisch

GRÖSSE
ca. 4 cm x 4 cm

MATERIAL ERDBEERE
* Baumwollstoff Tupfen in Rot/Weiß, Rest
* Pomponsband klein in Hellgrün, 1,5 cm breit, 7 cm
* Füllwatte

FROSCHKÖNIG
* Baumwollstoff Pepita in Hellgrün, Rest
* Baumwollstoff Vichykaro in Rosa/Weiß, Rest
* doppelseitige Klebefolie zum Aufbügeln, Rest
* Füllwatte
* 3 Rocailles in Rosa
* 17 Rocailles in Grün
* 2 Scheibenperlen in Rosa, ø 5 mm

MATROSCHKA
* Baumwollstoff Matroschka in Rosa, Rest
* 2 Rocailles in Hellblau
* 28 Rocailles in Rot
  Füllwatte

SCHNITTMUSTER
Seite 46 (für Krone)

Zuschnitt

1x 7 cm x 7 cm pro Nadelkissen

Anleitung

Erdbeere

1 Tupfen-Stoff rechts auf rechts zum Dreieck aufeinander legen und offene Kanten füßchenbreit zunähen, dabei 3 cm zum Verstürzen offen lassen. Ntzg zurückschneiden, Teil wenden und Naht ausbügeln. Das Pomponsband auf die Hälfte legen, sodass Pompons versetzt übereinander liegen. Das Band entlang der Bruchkante von rechts mittig auf das Dreieck aufsteppen.

2 Die Erdbeere im mittleren Dreieck mit Füllwatte ausstopfen und Öffnung von Hand zunähen. Die Dreiecksspitzen rechts und links nach hinten einschlagen und an den Spitzen von Hand zusammennähen. Beachten Sie dabei die Fingergröße.

Froschkönig

1 Pepita-Stoff zunächst zum Dreieck verarbeiten (siehe Erdbeere). Zusätzlich nach der Vorlage die Krone auf die Papierseite der Klebefolie aufzeichnen, grob ausschneiden, von links auf Vichykaro-Stoff bügeln und exakt ausschneiden. Die Schutzfolie abziehen und mittig von rechts unterhalb der Bruchkante des Dreiecks aufbügeln.

2 Den Froschkönig mit Rocailles dekorieren. Dazu 3 Perlen in Rosa für die Zacken der Krone und 15 Perlen in Grün für das Maul verwenden. Beim Annähen der Augen zunächst eine Scheibenperle, dann eine Rocaille auffädeln und durch die Scheibenperle zurückfädeln.

3 Anschließend den Frosch ausstopfen und fertigstellen, wie bei der Erdbeere beschrieben.

Matroschka

1 Aus dem Matroschka-Stoff ein geeignetes Motiv auswählen und so zuschneiden, dass der Kopf sich in einer Quadratecke befindet.

2 Dann das Quadrat zum Dreieck verarbeiten (siehe Erdbeere) und vor dem Ausstopfen mit den Rocailles verzieren. Dabei zwei Rocailles in Hellblau für die Augen und die Rocailles in Rot für das Kopftuch verwenden.

3 Anschließend die Matroschka ausstopfen und fertig stellen, wie bei der Erdbeere beschrieben.

200 METER
4FACH
GÖGGINGER

Charmantes Tässchen

lädt zu Kaffee oder Tee

GRÖSSE
ca. 10 cm x 17 cm

MATERIAL
* Baumwollstoff gestreift in Rosa/Weiß, 15 cm
* Baumwollstoff gemustert in Grau/Rot, Rest
* Baumwollstoff Rosen in Rosa/Weiß, 20 cm
* Volumenvlies zum Aufbügeln H 630, 20 cm
* Gewebeeinlage G 700, 15 cm
* Dekoband in Rosa/Rot, Rest
* Zackenlitze in Rosa, 1 cm breit, 70 cm
* Rüschenband Vichykaro in Rosa, 1,5 cm breit, 50 cm
* Füllwatte

SCHNITTMUSTER
Seite 42

Zuschnitt

1x Teil A, nach Schnittmuster, gestreift in Rosa/Weiß und 1x Gewebeeinlage (Tasse)
1x Teil B, Kreis ø 10,5 cm, gemustert in Grau/Rot und 1x Gewebeeinlage (Tassendeckel)
1x Teil C, 14x 4 cm, Fadenlauf im 45° Winkel, Rosen in Rosa/Weiß (Henkel)
2x Teil D Kreis ø 17 cm, Rosen in Rosa/Weiß und 2x Volumenvlies (Untertasse)

Anleitung

1 Alle Einlagen von links auf entsprechendes Teil aufbügeln. Zackenlitze mit 1 cm Abstand entlang der oberen Schnittkante von Teil A (Tasse) von rechts aufsteppen.

2 Teil C der Länge nach rechts auf rechts füßchenbreit zusammennähen, wenden und mit Füllwatte ausstopfen.

3 Beide Henkelenden nach Markierung (siehe Vorlage) an Teil A, Schnittkante auf Schnittkante, feststecken.

4 Teil A an den kurzen Kanten rechts auf rechts füßchenbreit zum Ring zusammennähen und Ntzg auseinander bügeln, dabei Henkel mitfassen.

5 Teil B (Deckel) rechts auf rechts an oberer Kante Teil A rundum feststecken und füßchenbreit einnähen. Ntzg zurückschneiden, Naht ausstreichen und Tasse mit Füllwatte ausstopfen.

6 Rüschenband auf ein Teil D entlang der Schnittkante von rechts rundum knappkantig aufsteppen, sodass Rüschen nach innen zeigen.

7 Beide Teile D rechts auf rechts aufeinander stecken und füßchenbreit zusammennähen, dabei 6 cm zum Verstürzen offen lassen und Rüschenband mitfassen.

8 Zugaben zurückschneiden, Teil auf rechts drehen und Naht ausbügeln. Offene Kante von Hand zunähen. Mit 1 cm Abstand zur Außenkante die restliche Zackenlitze rundum aufsteppen.

9 Die Tasse von Hand mittig auf die Untertasse nähen und dabei die Nahtzugabe 0,5 cm breit nach innen schlagen. Das Dekoband zur Schleife binden und von Hand am Henkel festnähen.

Moby Dick

erinnert an das Meer

GRÖSSE
ca. 9 cm x 22 cm

MATERIAL
- Baumwollstoff Vichykaro in Türkis, Rest
- Baumwollstoff Tupfen in Blau/Grün, 20 cm
- Baumwollstoff Blumen in Blau/Grün, 20 cm
- Dekoband in Hellgrün, 25 cm
- Zackenlitze in Hellgrün, 50 cm
- 2 Knöpfe ø 1,3 cm
- Textilkleber
- doppelseitige Klebefolie zum Aufbügeln, Rest
- Füllwatte
- Reis

SCHNITTMUSTER
Seite 46

Zuschnitt

2x Teil A, Vichykaro in Türkis (Seitenteil)
1x Teil B, Tupfen in Blau/Grün (Oberteil)
1x Teil C, Blumen in Blau/Grün (Unterteil)
4x Teil D, Tupfen in Blau/Grün (Flosse)

Alle Teile gemäß Schnittmuster zuschneiden. Die Nahtzugabe von 0,75 cm ist in allen Schnittteilen bereits enthalten.

Anleitung

1 Für die „Augenwimpern" aus dem Blumenstoff je zwei Blütenblätter auswählen und ein Stück Klebefolie von links darüber bügeln. Die Blätter entlang der Konturen ausschneiden, Schutzfolie abziehen und jeweils von rechts auf die Augenmarkierung der Seitenteile A bügeln.

2 Je zwei Flossenteile D rechts auf rechts aufeinander stecken und füßchenbreit zusammennähen, dabei die gerade Kante offen lassen. Nahtzugabe zurückschneiden, Teil wenden und ausbügeln. Die Flossen mit etwas Füllwatte ausstopfen. Dann mit der offenen Kante, Schnittkante auf Schnittkante, von rechts nach Markierungspunkten auf die Seitenteile A stecken und festriegeln.

3 Seitenteile A füßchenbreit rechts auf rechts auf das Oberteil B steppen. Dabei an der Spitze beginnen (siehe Markierung 1) und auf einer Seite ca. 7 cm zum Verstürzen offen lassen. Zugaben zurückschneiden und Nähte ausbügeln.

4 Dann das Unterteil C rechts auf rechts auf die Seitenteile stecken, wieder an der Spitze (siehe Markierung) beginnen und am Ende die Schwanzflossen von Ober- und Unterteil aufeinander stecken. Unterteil füßchenbreit annähen, Zugaben zurückschneiden, Teil wenden und Nähte ausbügeln.

5 Wal mit Füllwatte und Reis ausstopfen, dabei zunächst etwas Reis in den „Walbauch" füllen und den Rest mit Füllwatte auffüllen. Offene Kante von Hand schließen und für die Augen jeweils einen Knopf auf die aufgebügelten „Wimpern" nähen.

6 Den Wal mit der Zackenlitze und einer Schleife dekorieren. Dafür die Zackenlitze, auf einer Seite am Flossenansatz beginnend, bis zur Spitze und auf der gegenüberliegenden Seite von der Spitze zur Flosse mit Textilkleber über die obere Seitennaht kleben. Dabei das Band an der Spitze umschlagen.

7 Das Dekoband zur Schleife binden und auf der Flosse von Hand annähen.

Zartes Bonbon

magnetisch und süß

GRÖSSE
ca. 4 cm x 24 cm

MATERIAL

* Baumwollstoff Vichykaro in Pink/Weiß, 25 cm
* Baumwollstoff Tupfen in Mint, Rest
* Volumenvlies zum Aufbügeln H 640, 25 cm
* Rüschenband Vichykaro in Rosa/Weiß, 50 cm
* Zackenlitze in Mint, 50 cm
* Dekoband mit Blumen in Mint, 25 mm breit, 25 cm
* Samtband in Mint, 20 mm breit, 90 cm
* Füllwatte
* Magnetnadelkissen, 12 cm x 8 cm

Zuschnitt

1x Teil A, 23 cm x 22 cm, Vichykaro in Pink/Weiß und Volumenvlies
2x Teil B, 4 cm x 22 cm, Tupfen in Mint und Volumenvlies

Anleitung

1 Volumenvlies von links auf Teil A und jeweils Teil B aufbügeln. Rüschenband an je eine Längskante von Teil B knappkantig von rechts festnähen und mit der gegenüberliegenden Kante an je eine kurze Kante von Teil A rechts auf rechts füßchenbreit annähen. Ntzg zurückschneiden und Nähte ausbügeln.

2 Dekoband entlang jeweils beider Längskanten auf Zackenlitze knappkantig aufsteppen, sodass Zacken von rechts sichtbar sind.

3 Anschließend das Band mittig über die gesamte Breite von Teil A in der jeweiligen Steppnaht feststeppen.

4 Teil A der Länge nach rechts auf rechts aufeinander stecken und füßchenbreit zusammennähen, dabei eine kurze Kante offen lassen.

5 Zugaben zurückschneiden, Teil wenden und Nähte ausbügeln. Das Magnetnadelkissen in die Bonbonhülle einschieben, sodass an beiden Seiten gleichviel Stoff übersteht. Die Hülle nur auf dem Magneten mit Füllwatte ausstopfen und die offene Kante zwischen den Rüschen von Hand schließen. Dabei die Zugaben nach innen einschlagen.

6 Das Samtband halbieren und beide Enden der Bonbonhülle mit einer Schleife dekorieren, dabei den überstehenden Stoff jeweils zusammenraffen.

Bunte Schneiderpuppe

ganz schön adrett

GRÖSSE
ca. 25 cm x 6 cm

MATERIAL
* Baumwollstoff Vögel in Bunt, 15 cm
* Baumwollstoff Blümchen in Rosa, Rest
* doppelseitige Klebefolie zum Aufbügeln, Rest
* Blümchenband in Rosa, Rest
* Satinband in Rosa, 3 mm breit, Rest
* Rüschenband in Hellgrün, 15 cm
* Karoband in Mint, 40 cm
* Karoband in Hellgrün, 40 cm
* Knopf mit Tupfen in Schwarz/Weiß, ø 1,5 cm
* Holzkugel ø 1,5 cm (mit großer Lochbohrung) in Pink
* Holzscheibe 1 cm, ø 5,5 cm mit Lochbohrung
* Holzstab 24 cm, ø 4 mm (entsprechend Bohrung Holzscheibe)
* Füllwatte
* Textilkleber

SCHNITTMUSTER
Seite 43

Zuschnitt

2x Teil A, Vögel in Bunt (Vorder- und Rückenteil)

Teil gemäß Schnittmuster zuschneiden. Die Nahtzugabe von 0,75 cm ist bereits enthalten.

Anleitung

Holzscheibe verkleiden

1 Die Holzscheibe als Vorlage verwenden, auf Klebefolie auflegen und Konturen abzeichnen, grob ausschneiden, von links auf Baumwollstoff Blümchen aufbügeln und exakt ausschneiden.

2 Schutzfolie abziehen und auf die Oberfläche der Scheibe aufbügeln. In der Mitte den Stoff in der Lochbohrung mit einer spitzen Schere durchstechen.

3 Die Außenkante mit Karoband in Mint rundum bekleben.

Puppe nähen

1 Teil A rechts auf rechts aufeinander stecken und die Seitennähte füßchenbreit zusammennähen. Die Puppe durch die untere Öffnung mit Füllwatte ausstopfen und anschließend die Öffnung von Hand zunähen, dabei in der Mitte eine kleines Stück Naht für den Holzstab offen lassen.

2 Puppe auf Stab aufspießen und am oberen Ende 0,5 cm für die Holzkugel stehen lassen. Holzkugel aufspießen und mit Klebstoff fixieren. Unterhalb der Holzkugel das Blümchenband ankleben.

3 Den Holzstab bis zur Puppe mit Karoband in Grün umwickeln und mit Textilkleber fixieren.

4 Das Rüschenband entlang der unteren Kante der Puppe rundum aufkleben. Satinband durch den Knopf fädeln und an Puppe von Hand annähen.

5 Holzstab in Holzscheibe kleben und am unteren Ende mit Schleife aus Karoband in Mint dekorieren.

Schnelles Geschenk

ein beliebtes Mitbringsel

GRÖSSE
ca. 9 cm x 9 cm x 7 cm

MATERIAL

* Baumwollstoff Tupfen in Lila/Grün, 20 cm
* Baumwollstoff gemustert in Grün, Rest
* Karoband in Türkis, 15 mm breit, 1,1 m
* Satinband in Grün, 3 mm breit, 20 cm
* Satinrose groß und Satinrose klein in Pink
* Knopflochgarn in Pink
* doppelseitige Klebefolie zum Aufbügeln, Rest
* Glitterfolie in Pink zum Aufbügeln
* Mini-Herzstanze
* Füllwatte
* Reis
* Lochzange

SCHNITTMUSTER
Seite 43 (siehe Schnittmuster Limonadenflasche)

Zuschnitt

2x 17 cm x 17 cm Baumwollstoff in Lila

Anleitung

1 Zugeschnittene Quadrate rechts auf rechts aufeinander stecken und füßchenbreit rundum zusammennähen, dabei an einer Seite 6 cm zum Verstürzen offen lassen.

2 Alle Ntzg auseinander bügeln. An allen Ecken die Nähte jeweils aufeinander stecken, sodass eine Spitze entsteht (siehe Umschlagklappe). Von der Spitze nach unten jeweils 3 cm abmessen und im rechten Winkel zur Naht eine Markierungslinie einzeichnen.

3 Alle Ecken entlang der Markierungslinie abnähen und Ecken bis auf 0,5 cm Zugabe zurückschneiden.

4 Teil wenden, Nähte ausbügeln und alle Seiten des entstandenen Quaders von Ecke zu Ecke einbügeln. Quader zunächst mit etwas Reis befüllen, dann mit Füllwatte ausstopfen. Offene Kante von Hand schließen.

5 Für den Geschenkanhänger Vorlage auf die Papierseite der Klebefolie aufzeichnen, grob ausschneiden, von links auf den Stoffrest in Grün bügeln und Konturen exakt ausschneiden. Schutzfolie abziehen, noch einmal von links auf Stoffrest aufbügeln und exakt ausschneiden.

6 Mit der Stanze ein kleines Herz ausstanzen und nach Herstelleranleitung mittig auf den Anhänger bügeln. Mit Knopflochgarn (doppelter Faden) die äußere Kante im Vorstich umsticken.

7 Für die Aufhängung mit der Lochzange ein Loch ausstanzen, Satinband einfädeln und verknoten.

8 „Geschenk“ mit Schleife dekorieren, dabei Geschenkanhänger an Schleife befestigen und zuletzt die Röschen an der Schleife festnähen.

Süße Limonadenflasche

erfrischend leicht

GRÖSSE
ca. 20 cm x 5 cm

MATERIAL
* Baumwollstoff Vogel in Rosa/Beige, 25 cm
* Baumwollstoff Pepita in Rosa, Rest
* Gewebeeinlage G 700, 25 cm
* doppelseitige Klebefolie zum Aufbügeln, Rest
* Zackenlitze in Rosa, Rest
* Dekoband mit Tupfen in Ocker, Rest
* Ripsband in Ocker, 5 mm breit, 40 cm
* Füllwatte
* Reis
* Naturkorken, ø 2 cm
* Textilstift in Schwarz
* Lochzange
* Textilkleber

SCHNITTMUSTER
Seite 43

Zuschnitt

2x Teil A, Vogel in Rosa/Beige und Gewebeeinlage (Vorder- und Rückenteil)
1x Teil B, Pepita in Rosa und Gewebeeinlage (Flaschenboden)

Alle Teile gemäß Schnittmuster zuschneiden. Die Nahtzugabe von 0,75 cm ist in allen Schnittteilen bereits enthalten.

Anleitung

Flaschenanhänger

1 Teil C nach Vorlage auf die Papierseite der Klebefolie aufzeichnen, grob ausschneiden, von links auf Stoff Pepita in Rosa aufbügeln und exakt ausschneiden. Schutzfolie abziehen und erneut von links auf Stoff Pepita in Rosa aufbügeln und exakt ausschneiden.

2 Mit der Lochzange nach Markierung ein Loch einarbeiten, mit dem Textilstift „LIMO“ darauf schreiben und durch Bügeln fixieren.

3 Den Anhänger mit dem Ripsband auffädeln und Band verknoten.

Flasche

1 Alle Einlagen von links auf Teil A und B aufbügeln.

2 Teil A (Vorder- und Rückenteil) rechts auf rechts aufeinander stecken und die Seitennähte füßchenbreit schließen. Teil B (Boden) rechts auf rechts am Flaschenteil rundum feststecken und füßchenbreit ansteppen. Ntzg zurückschneiden, Teil wenden und Nähte ausstreichen.

3 Flaschenkörper zunächst mit etwas Reis befüllen und dann mit Füllwatte ausstopfen.

4 An oberer Kante die Nahtzugabe nach innen schlagen und mit Textilkleber den Korken einkleben. Die Flasche am oberen Rand mit Zackenlitze, am unteren Rand mit Dekoband bekleben. Zum Schluss den Anhänger um die Flasche legen.

Mein Tipp für Sie

Ausstopfen Beim Ausstopfen eine Stricknadel oder einen Stift zu Hilfe nehmen und die letzten 2 cm für den Korken Platz lassen.

Limo
PASTILLEN
PRODUKT AUS ITALIEN

Kleines Schminktäschchen

besonders vornehm

GRÖSSE
ca. 9 cm x 12 cm

MATERIAL
* Baumwollstoff Kreise in Türkis/Grün, 15 cm
* Baumwollstoff gemustert in Grün, 15 cm
* Baumwollstoff Tupfen in Mint, Rest
* fixierbare Gewebeeinlage G 700, 15 cm
* Volumenvlies HH 650, Rest
* Blümchenband in Rosa/Grün, 4 mm breit, Rest
* Ripsband in Rosa, 5 mm breit, Rest
* Pomponsband, klein in Hellgrün, Rest
* 2 Pompons, groß in Rosa
* Füllwatte
* Reis

SCHNITTMUSTER
Seite 47

Zuschnitt

2x Teil A, Kreise in Türkis/Grün und Gewebeeinlage (Vorder- und Rückenteil)
1x Teil B, gemustert in Grün und Gewebeeinlage (Seitenteil und Boden)
2x Teil C, Tupfen in Mint und Volumenvlies (Taschenklappe)

Alle Teile gemäß Schnittmuster zuschneiden. Die Nahtzugabe von 0,75 cm ist in allen Schnittteilen bereits enthalten.

Anleitung

1 Alle Einlagen von links auf entsprechende Stoffteile aufbügeln. Für die Taschenklappe Stoffteile links auf links aufeinander legen und Volumenvlies dazwischen bügeln.

2 Die gerundete Kante versäubern, zunächst das Pomponsband, dann das Blümchenband darüber steppen.

3 Taschenklappe links auf rechts (Borte muss sichtbar sein) an gerader Kante des Vorderteils feststecken und knappkantig festriegeln. Teil B (Seitenteil und Boden) rechts auf rechts erst an Vorderteil, dann an Rückenteil füßchenbreit festnähen, dabei in Nahttiefe beginnen und an einer geraden Kante 6 cm zum Verstürzen offen lassen.

4 Teil auf links drehen und gerade, obere Kante schließen. Ntzg zurückschneiden und Nähte ausstreichen.

5 Täschchen zunächst mit etwas Reis befüllen, dann mit Füllwatte ausstopfen. Offene Kante von Hand zunähen.

6 Ripsband zur Schleife binden und mittig von Hand an Taschenklappe festnähen. Für die „Taschenschließe" Täschchen mit zwei Pompons an oberer Kante verzieren.

Rose mit Blatt

traumhaft schön

GRÖSSE

ca. 6 cm x 16 cm

MATERIAL

* Baumwollstoff gemustert in Hellrot, 15 cm
* Baumwollstoff Tupfen in Mint, 15 cm
* Volumenvlies H 640, 15 cm
* Zackenlitze in Rosa, 25 cm
* Dekoband in Mint, Rest
* Füllwatte
* Satinrose groß in Rosa
* Rose-Maker Größe „L" von Clover

Zuschnitt

1x 54 cm x 12 cm, gemustert in Hellrot (Rose siehe Herstelleranleitung)
2x 20 cm x 11 cm, Tupfen in Mint (Rosenblatt)
1x 20 cm x 11 cm Volumenvlies

Anleitung

Rosenblatt

1 Volumenvlies von links auf einen Stoffstreifen aufbügeln. Zackenlitze an beiden kurzen Kanten des zweiten Streifens von rechts mit 3-4 mm Abstand entlang der Schnittkante aufsteppen.

2 Beide Streifen rechts auf rechts aufeinander stecken, füßchenbreit zusammennähen, sodass Zacken von rechts noch sichtbar sind. Dabei 6 cm zum Verstürzen offen lassen. Ntzg zurückschneiden, Teil wenden und Nähte ausbügeln. Die offene Kante von Hand schließen, den Streifen in der Mitte zusammenraffen und mit ein paar Stichen fixieren.

Rose

1 Eine Rose in „L" mit verdeckter Naht nach Herstelleranleitung mit dem Rose-Maker herstellen. Dabei vor dem Zunähen mit etwas Füllwatte gleichmäßig ausstopfen. Rose nach Anleitung fertigstellen und mit Satinrose mittig dekorieren.

2 Ausgestopfte Rose mittig auf dem „Blatt" festnähen.

12
3
9
6
Margret de Moor
Der Virtuose
Thomas Berger
Montag 9.10
Eichborn

Fröhlicher Wecker

für Frühaufsteher

GRÖSSE

ca. 15 cm x 15 cm

MATERIAL

* Baumwollstoff Vögel in Weiß/Bunt, 15 cm
* Baumwollstoff gemustert in Hellgrün, Rest
* Baumwollstoff Pepita in Rosa, 15 cm
* aufbügelbares Volumenvlies H 630, Rest
* Zackenlitze in Hellgrün, Rest
* doppelseitige Klebefolie zum Aufbügeln, Rest
* Füllwatte
* Reis
* Textilkleber
* Textilstift in Schwarz

Zuschnitt

2x Teil A, Kreis ø 12,5 cm, Vögel in Weiß/Bunt (Vorder- und Rückenteil)
1x Teil B, 39 cm x 5 cm, gemustert in Hellgrün (Mittelteil)
2x Teil C, Kreis ø 11 cm, Pepita in Rosa (Glocken)
1x Teil D, 40 cm x 6 cm, Pepita in Rosa und 1x Volumenvlies (Fuß)

Mein Tipp für Sie

Kreise zeichnen Die Stoffkreise können Sie ohne Vorlage mit einem Zirkel selbst zeichnen.

Anleitung

1 Für das Ziffernblatt einen Kreis mit ø 6 cm auf die Papierseite der Klebefolie aufzeichnen, grob ausschneiden, von links auf Pepita in Rosa, aufbügeln und exakt ausschneiden.

2 Ziffernblatt mit Textilstift beschriften, Schutzfolie abziehen und von rechts mittig auf ein Teil A aufbügeln. Die Zackenlitze entlang der Außenkante mit Textilkleber fixieren. Teil B (Mittelteil) an den kurzen Kanten rechts auf rechts füßchenbreit zum Ring zusammennähen.

3 Teil A (Vorder- und Rückenteil) jeweils rechts auf rechts füßchenbreit an Teil B rundum feststecken und annähen. Dabei am Rückenteil oben 6 cm zum Verstürzen offen lassen. Ntzg zurückschneiden, Nähte ausstreichen und Teil wenden. Den Wecker zunächst mit etwas Reis befüllen, dann den Rest mit Füllwatte ausstopfen. Die Öffnung von Hand zunähen.

4 Für die „Glocken" an Teil C jeweils 0,5 cm Nahtzugabe rundum nach links einbügeln und im Vorstich entlang der Zugabe nähen. Die Naht zusammenziehen und „Glocken" mit Füllwatte ausstopfen. Mit der Öffnung nach unten oben auf dem Wecker mit ca. 2 cm Abstand platzieren und von Hand festnähen.

5 Für den Fuß Volumenvlies von links auf Teil D (Fuß) aufbügeln und der Länge nach rechts auf rechts füßchenbreit zusammennähen. Dabei eine kurze Kante zum Verstürzen offen lassen.

6 Nahtzugaben zurückschneiden, Teil wenden (mithilfe einer langen Stricknadel) und den Fuß nur mittig über einer Länge von 10 cm mit Reis befüllen. Die Öffnung von Hand zunähen, dabei die 0,75 cm Zugabe nach innen einschlagen. Beide Fußenden jeweils 8-9 cm einrollen und von Hand mit ein paar Stichen fixieren. Zum Schluss den Wecker mittig auf dem Fuß von Hand festnähen.

Fliegenpilz mal anders

ganz schön frech

GRÖSSE
ca. 11 cm x 8 cm

MATERIAL
* Baumwollstoff gemustert in Hellgrün, Rest
* Baumwollstoff Tupfen in Lila/Grün, Rest
* Baumwollstoff Vichykaro in Lila/Weiß, Rest
* Rüschenband in Hellgrün, 30 cm
* Dekoband in Lila, 1 cm breit, 35 cm
* Füllwatte
* Reis

SCHNITTMUSTER
Seite 45

Zuschnitt

2x Teil A, gemustert in Hellgrün (Vorder- und Rückenteil)
1x Teil B, gemustert in Hellgrün (Boden)
1x Teil C, Tupfen in Lila/Grün (Pilzkopf Oberteil)
1x Teil D, Vichykaro in Lila/Weiß (Pilzkopf Unterteil)

Alle Teile gemäß Schnittmuster zuschneiden. Die Nahtzugabe von 0,75 cm ist in allen Schnittteilen bereits enthalten.

Anleitung

Pilzfuß

Teil A rechts auf rechts aufeinander stecken und die Seitennähte füßchenbreit zusammennähen. Ntzg auseinanderbügeln, Teil B rechts auf rechts in größere Öffnung Teil A rundum feststecken, füßchenbreit einnähen und Zugaben zurückschneiden.

Pilzkopf

1 Rüschenband von rechts entlang der Schnittkante an Teil C rundum knappkantig feststeppen, sodass die Rüschen nach innen zeigen.

2 An Teil D die Zugabe 0,5 cm breit an einer Längskante nach links einbügeln und die kurzen Kanten rechts auf rechts füßchenbreit zum Ring zusammennähen. Dabei die eingebügelte Zugabe aufklappen.

3 Den Ring mit der ungebügelten Schnittkante rechts auf rechts an Teil C rundum feststecken, füßchenbreit festnähen, dabei das Rüschenband mitfassen und Zugaben zurückschneiden.

4 Entlang der eingebügelten Kante von Hand im Vorstich nähen und die Naht passend zur Öffnung des Pilzfußes zusammenziehen.

5 Pilzfuß zunächst mit etwas Reis befüllen, dann mit Füllwatte ausstopfen. Pilzkopf mit Füllwatte ausstopfen und an Pilzfuß von Hand annähen, dabei die Ntzg nach innen einschlagen.

6 Zum Schluss das Dekoband um die Ansatznaht schlingen und zur Schleife binden.

Haus und Hof

ganz schön standhaft

GRÖSSE
ca. 12 cm x 9 cm

MATERIAL
* Baumwollstoff Vichykaro in Schwarz/Weiß, 25 cm
* Baumwollstoff gestreift in Rosa, Rest
* Baumwollstoff Tupfen in Rot/Weiß, 15 cm
* Baumwollstoff Dame mit Hund in Rosa, Rest
* doppelseitige Klebefolie zum Aufbügeln, 15 cm
* Pomponsband, klein in Rosa, 1,5 cm breit, 35 cm
* Zackenlitze in Weiß, 1,5 cm breit, 25 cm
* Füllwatte
* Reis
* Zackenschere
* Textilkleber

SCHNITTMUSTER
Seite 47

Zuschnitt

2x Teil A, Vichykaro in Schwarz/Weiß (Vorder- und Rückenteil)
2x Teil B, Baumwollstoff gestreift in Rosa (Zaun)
2x Teil C, Baumwollstoff Tupfen in Rot/Weiß (Dach)

Alle Teile gemäß Schnittmuster zuschneiden. Die Nahtzugabe von 0,75 cm ist in allen Stoffteilen bereits enthalten.

Anleitung

1 Teil B (Zaun) und Teil C (Dach) je 2x nach Vorlage auf die Papierseite der Klebefolie aufzeichnen und grob ausschneiden. Teil B auf Baumwollstoff gestreift und Teil C auf Baumwollstoff getupft von links aufbügeln, exakt ausschneiden, Schutzfolie abziehen und von rechts auf Vorder- bzw. Rückenteil (Teil A) nach Vorlage aufbügeln.

2 Zackenlitze von rechts mit 2-3 mm Abstand zur Schnittkante entlang der oberen Kante an ein Teil A aufsteppen.

3 Vorder- und Rückenteil rechts auf rechts füßchenbreit zusammennähen, dabei an einer Seite 6 cm zum Verstürzen offen lassen.

4 Alle Ntzg auseinander bügeln. An allen Ecken die Nähte jeweils aufeinander stecken, sodass eine Spitze entsteht (siehe Umschlagklappe). Von der Spitze nach unten jeweils 3,5 cm abmessen und im rechten Winkel zur Naht eine Markierungslinie einzeichnen.

5 Alle Ecken entlang der Markierungslinie abnähen und Ecken bis auf 0,5 cm Zugabe zurückschneiden.

6 Teil wenden, Nähte ausbügeln und alle Seiten des Hauses von Ecke zu Ecke einbügeln.

7 Haus zunächst mit etwas Reis befüllen, dann mit Füllwatte ausstopfen. Offene Kante von Hand schließen.

8 Klebefolie von links auf Stoffrest Dame mit Hund aufbügeln, einzelne Motive (verschiedene Hunde und eine Dame) ausschneiden, Schutzfolie abziehen, auf Haus nach Belieben platzieren und vorsichtig mit Druck aufbügeln. Pomponsband entlang der „Dachkante" mit Textilkleber rundum aufkleben.

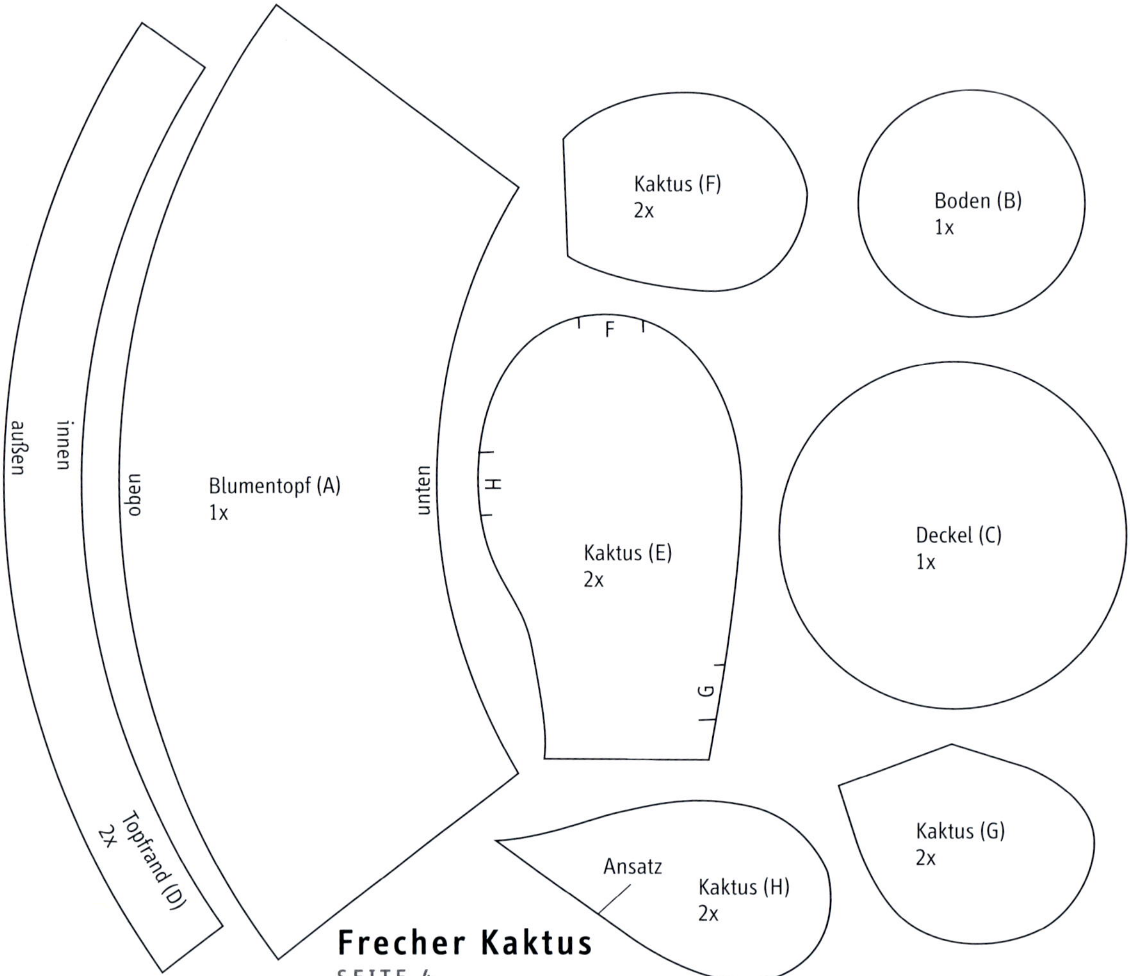

Frecher Kaktus

SEITE 4

bitte auf 200 % vergrößern

Charmantes Tässchen

SEITE 20

bitte auf 200 % vergrößern

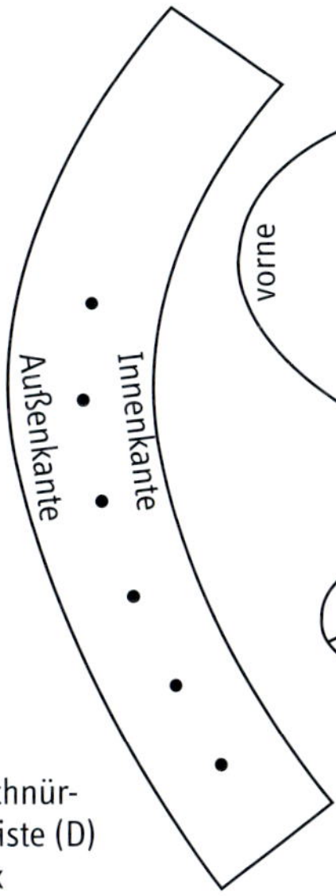

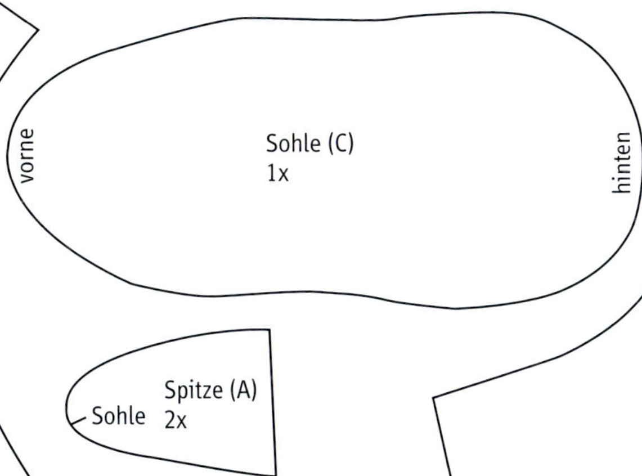

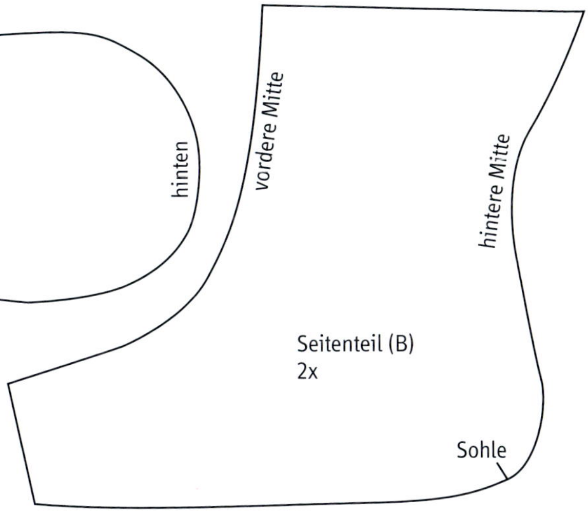

Bezaubernder Schuh

SEITE 8

bitte auf 180 % vergrößern

Bunte Schneiderpuppe

SEITE 26

bitte auf 135 % vergrößern

Anhänger für Geschenk und Flasche

Süße Limonadenflasche

SEITE 30

bitte auf 180 % vergrößern

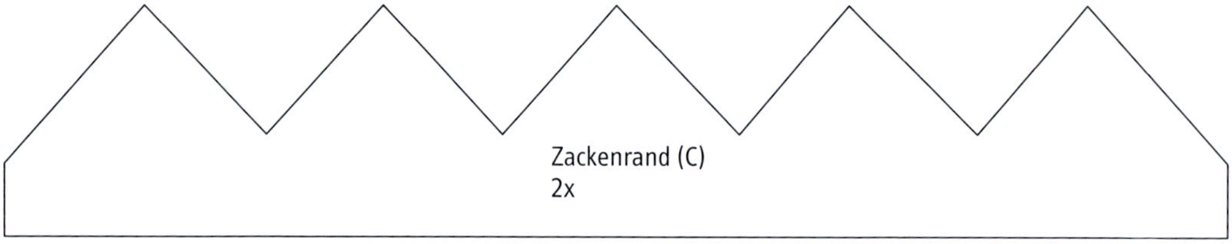

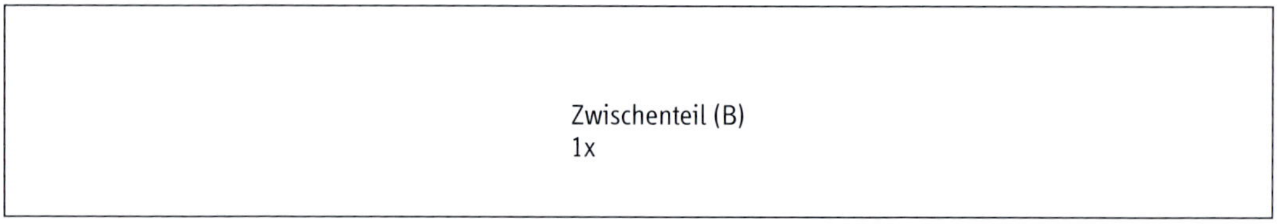

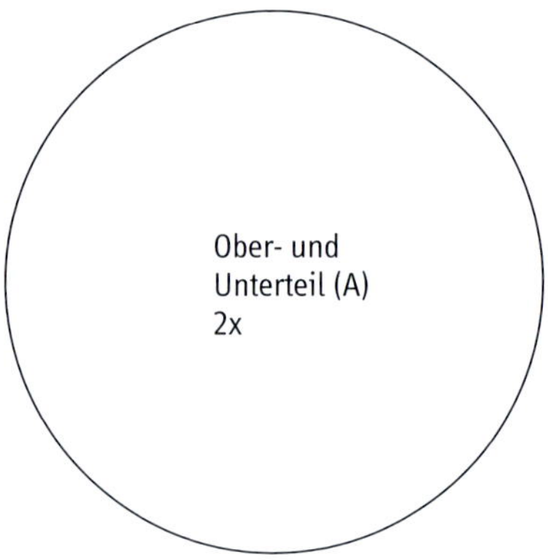

Stolze Krone

SEITE 14

bitte auf 250 % vergrößern

Freche Möhre

SEITE 16

bitte auf 200 % vergrößern

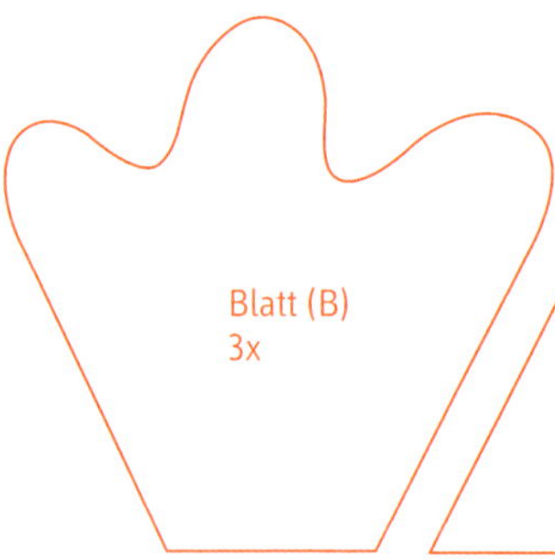

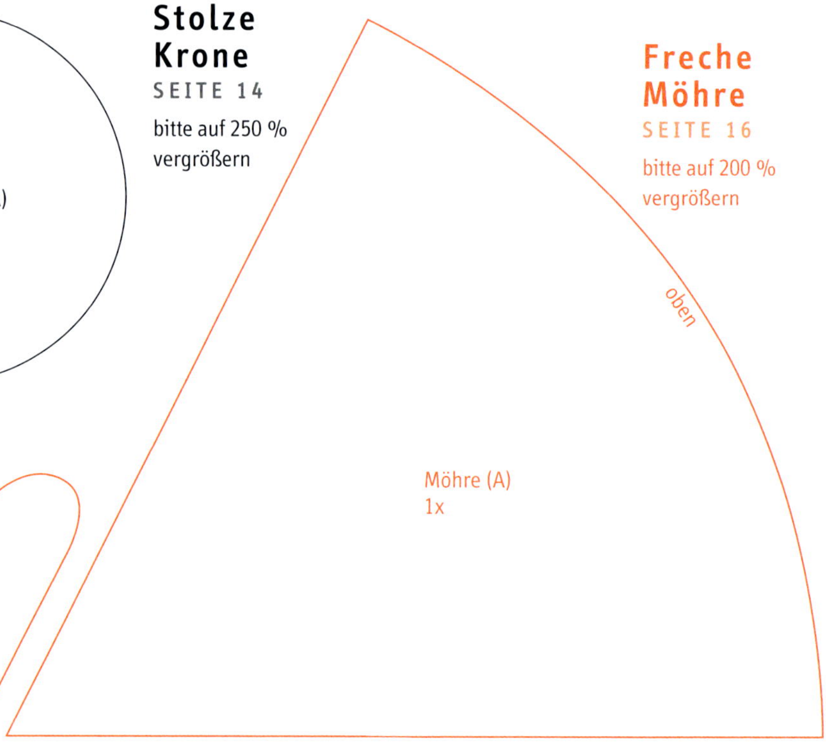

Kleines Törtchen

SEITE 6

bitte auf 250 % vergrößern

Fliegenpilz mal anders

SEITE 38

bitte auf 200 % vergrößern

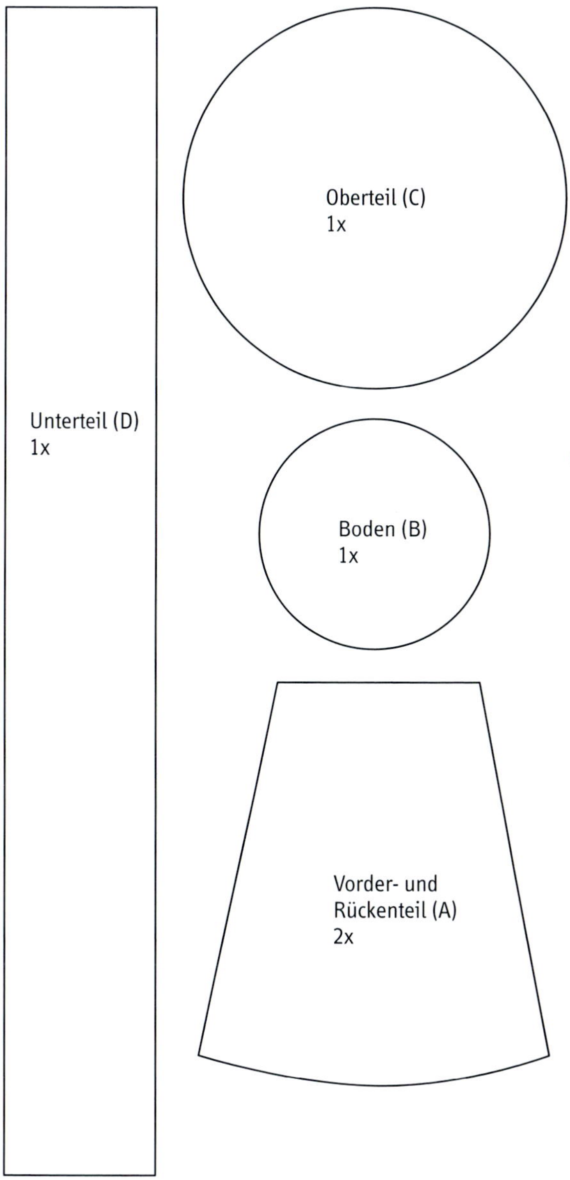

Schwein mit Flügeln

SEITE 12

bitte auf 200 % vergrößern

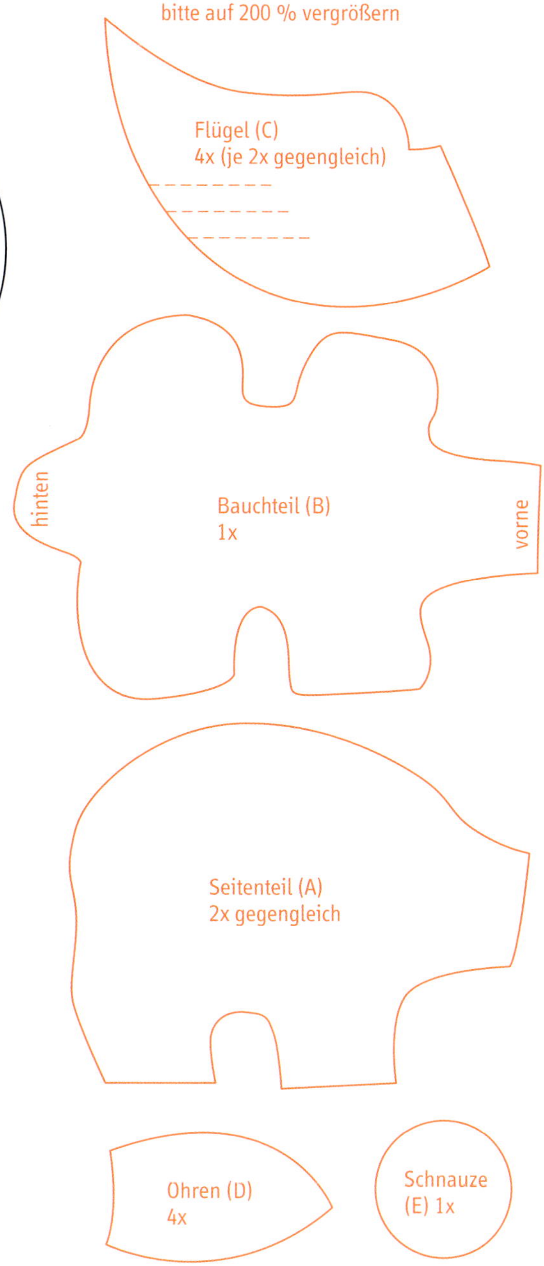

Moby Dick

SEITE 22

bitte auf 180 % vergrößern

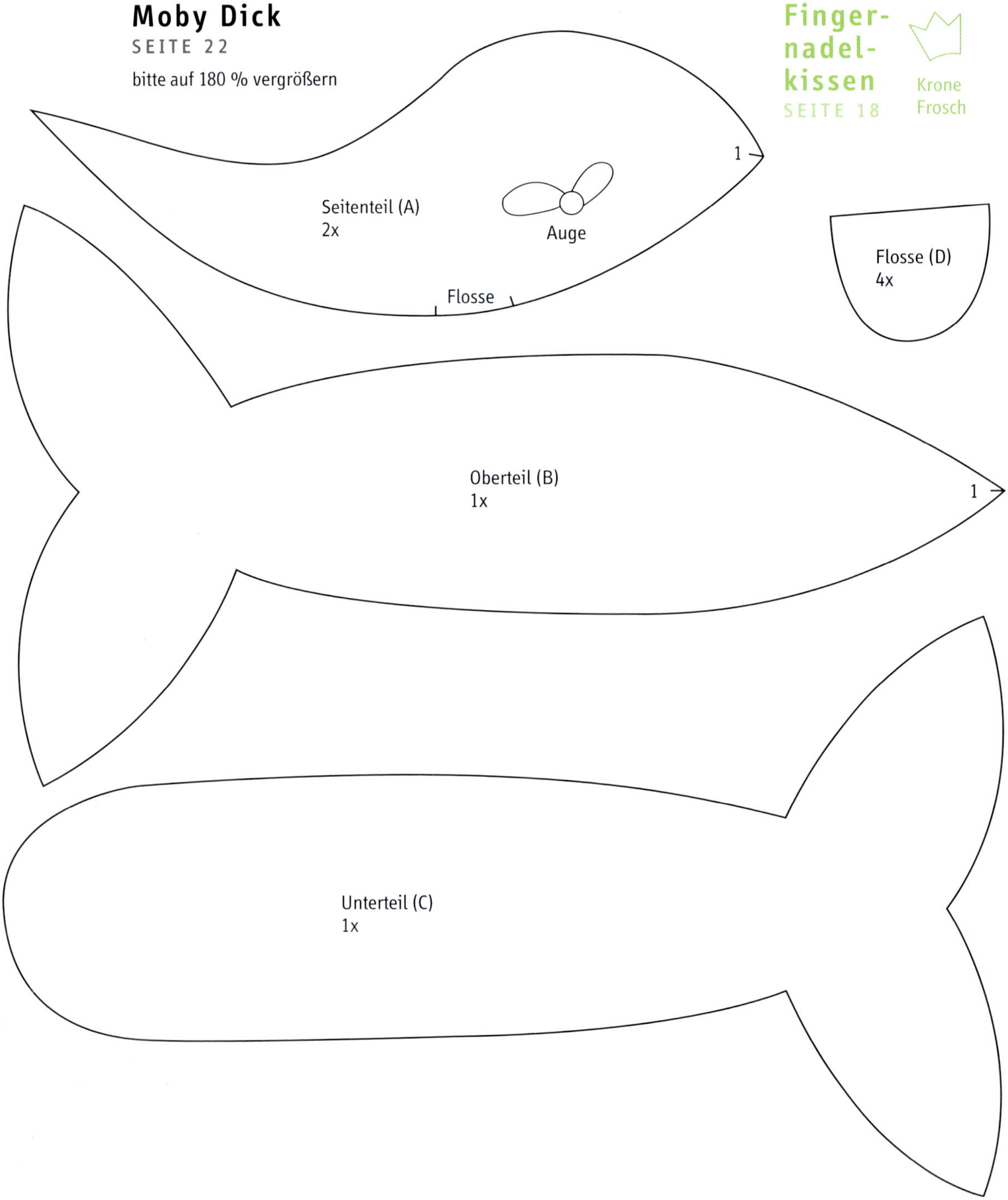

Fingernadelkissen

SEITE 18

Krone
Frosch

Haus und Hof
SEITE 40

bitte auf 200 % vergrößern

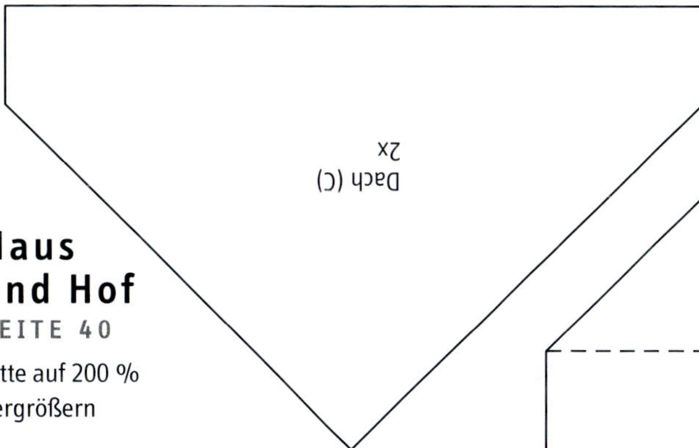

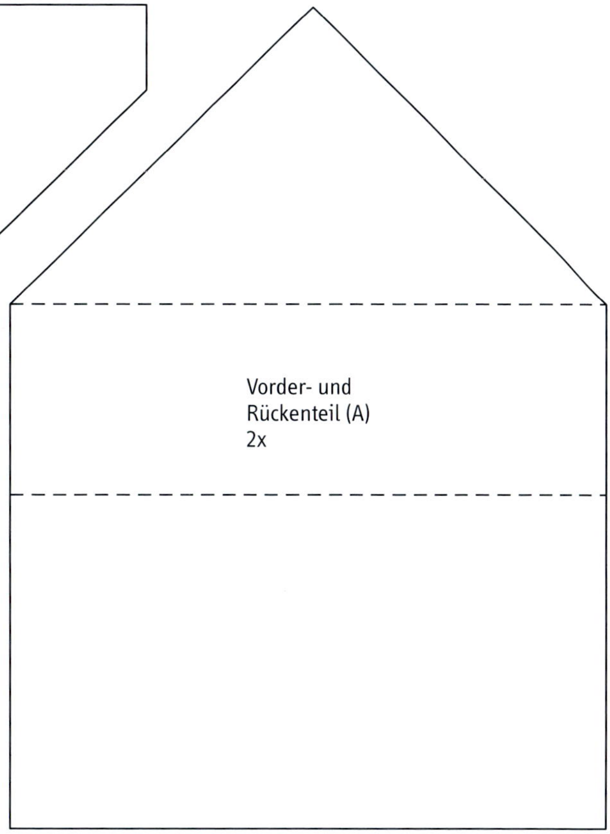

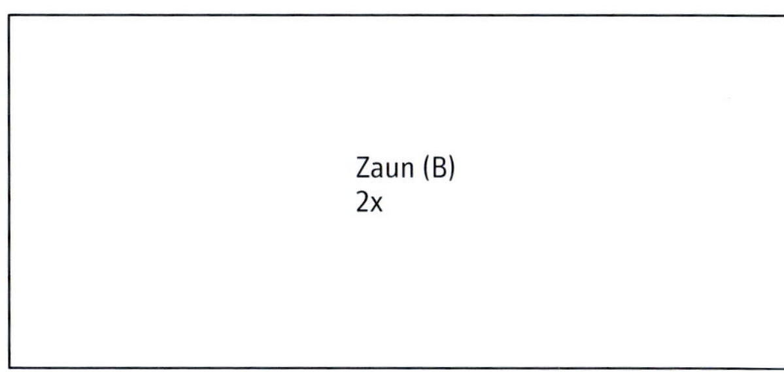

Kleines Schminktäschchen
SEITE 32

bitte auf 250 % vergrößern

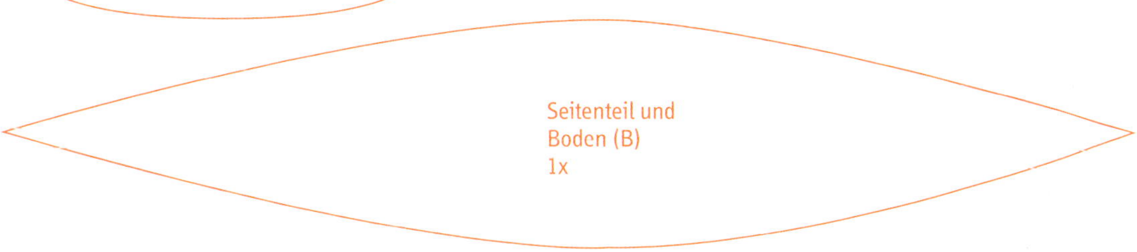

Nadja Knab-Leers lebt mit ihrem Mann und ihrem Sohn im südbadischen Waldkirch. Kreativität zieht sich wie ein roter Faden durch ihr Leben und ihre Arbeit. So war ihr schon bald nach der Ausbildung zur Mode-Direktrice klar, dass nicht nur Stoffe ihr Gestaltungsmedium sein sollten. Auch für dieses Buch war sie auf der Suche nach Dingen, die etwas Besonderes an sich haben – frei nach dem Motto: „Kleine Dinge in Szene zu setzen, macht Alltägliches zu etwas Besonderem und vermittelt Lebensfreude."
Weitere Informationen zu Nadja Knab-Leers finden Sie auf ihrer Homepage www.stilzauberei.de.

DANKE!

Wir danken folgenden Firmen für die Unterstützung bei diesem Buch:
Coats GmbH Kenzingen, www.coatsgmbh.de
Freudenberger Vliesstoffe Weinheim, www.freudenberg.de
Gütermann GmbH, Gutach-Breisgau, www.guetermann.com
KnorrPrandell GmbH Lichtenfels, www.knorrprandell.com
Prym Consumer GmbH Stolberg, www.prym.com

TOPP – Unsere Servicegarantie

WIR SIND FÜR SIE DA! Bei Fragen zu unserem umfangreichen Programm oder Anregungen freuen wir uns über Ihren Anruf oder Ihre Post. Loben Sie uns, aber scheuen Sie sich auch nicht, Ihre Kritik mitzuteilen – sie hilft uns, ständig besser zu werden.

Bei Fragen zu einzelnen Materialien oder Techniken wenden Sie sich bitte an unseren Kreativservice, Frau Erika Noll.
mail@kreativ-service.info
Telefon 0 50 52 / 91 18 58

Das Produktmanagement erreichen Sie unter:
pm@frechverlag.de
oder:
frechverlag
Produktmanagement
Turbinenstraße 7
70499 Stuttgart
Telefon 07 11 / 8 30 86 68

LERNEN SIE UNS BESSER KENNEN! Fragen Sie Ihren Hobbyfach- oder Buchhändler nach unserem kostenlosen Kreativmagazin **Wolle & Co.** Darin entdecken Sie halbjährlich die neuesten Kreativtrends und interessantesten Buchneuheiten.

Oder besuchen Sie uns im Internet! Unter **www.topp-kreativ.de** können Sie sich über unser umfangreiches Buchprogramm informieren, unsere Autoren kennenlernen sowie aktuelle Highlights und neue Kreativtechniken entdecken, kurz – die ganze Welt der Kreativität.

Kreativ immer up to date sind Sie mit unserem monatlichen **Newsletter** mit den aktuellsten News aus dem frechverlag, Gratis-Anleitungen und attraktiven Gewinnspielen.

IMPRESSUM

FOTOS: frechverlag GmbH, 70499 Stuttgart; lichtpunkt, Michael Ruder, Stuttgart
FOTOSTYLING: Nadja Knab-Leers
PRODUKTMANAGEMENT UND LEKTORAT: Anna Bender
GESTALTUNG: Petra Theilfarth
DRUCK: Grafisches Centrum Cuno GmbH & Co. KG, Calbe PRINTED IN GERMANY

1. Auflage 2012

ISBN 978-3-7724-6694-6 • Best.-Nr. 6694